Erst das Vergnügen dann die Arbeit

Herstellung und Verlag:
BoD - Books on Demand, Norderstedt
ISBN 978-3-7357-8257-1

Erst das Vergnügen dann die Arbeit

Inhaltsverzeichnis

Vorwort	5
Antreibertest	7
Mehr Vergnügen bitte! Regina Mohry	19
Worte in der Mitte Michael Baier	25
Arbeit und Vergnügen Achim Schlichting	31
Der Oppermann-Katalog Effekt Rainer Immensack	33
Fragen und Antworten im Interview Michelle Baier	37
Fragen für Glück und Zufriedenheit Michael Baier	43

Erst das Vergnügen dann die Arbeit

Erst das Vergnügen dann die Arbeit

Liebe Leserin, lieber Leser

dieses Buch ist für alle geschrieben, die sich etwas mehr Vergnügen beim Arbeiten wünschen.

Schon bei der Vorbereitung dieses Buches war es sehr vergnüglich, sich über das Thema Was wäre wenn unsere Eltern uns erzählt hätten: Erst das Vergnügen, dann die Arbeit! zu unterhalten. Jeder Mensch kann etwas zu diesem Thema sagen, weil es ihn seit seiner Kindheit begleitet und stets Auswirkungen auf sein glückliches Leben hat.

Sie glauben, dass Sie aus Ihrer Kindheit keine Motivationen für Ihr Leben mitbekommen haben? Dann empfehlen wir Ihnen den Antreibertest ab Seite 5. Die Ergebnisse werden beeindruckend sein.

Vielen Dank allen, die zum Gelingen dieses Buches beigetragen haben. Als Autor wird man (mindestens) zweimal beschenkt: Vielleicht durch zustimmende Anerkennung von Ihnen, liebe Leserin, lieber Leser und in jedem Fall dadurch, dass man über sich und sein Leben reflektiert hat.

Beschenken Sie sich jetzt selbst. Und bei allem was Sie lesen und tun werden: Stellen Sie sich stets die wichtige Frage:
Was hat das mit mir selbst zu tun?

Michael Baier

Eppstein im Oktober 2014

*Dieses Buch ist allen Menschen gewidmet,
die gerne mit Vergnügen arbeiten.*

Erst das Vergnügen dann die Arbeit

Antreibertest

*Download von der Internetseite www.dbfk.de
Der Deutsche Berufsverband für Pflegeberufe*

Das Modell innerer Antreiber kommt aus der Transaktionsanalyse, die darunter elterliche Forderungen versteht, mit denen konventionelle, kulturelle und soziale Vorstellungen verbunden sind. Als Eltern-Gebote haben diese Botschaften für Kinder einen Absolutheitscharakter, der nicht angezweifelt wird, denn ihre Nichteinhaltung könnte zur Folge haben, nicht mehr geliebt zu werden. Erst im Erwachsenenalter haben wir die Möglichkeit zu erkennen, dass es Alternativen zu den elterlichen Botschaften gibt. Zu diesem Zeitpunkt haben sich diese Botschaften jedoch schon stark im Unterbewusstsein verankert.

Unbedacht versuchen wir daher auch als Erwachsene, im Privat- wie im Berufsleben die Forderungen der Gebote zu erfüllen, als ob wir unter einem geheimen Zwang ständen.

Mit Hilfe des nachfolgenden Tests können Sie Ihre Ausprägung der einzelnen Antreiber herausfinden. Stark ausgeprägte Antreiber (ab ca. 30 Punkten) können eine Eigendynamik entwickeln, sie kontrollieren immer stärker die innere Einstellung und das Verhalten: Man treibt sich selbst immer stärker an, um zu mehr Erfolg und Anerkennung zu kommen, erreicht aber eher nur mehr Stress bei sich und anderen und damit das Gegenteil von dem, was man sich erhofft. Über einer Höhe von ca. 40 Punkten können sich Antreiber sogar gesundheitsgefährdend auswirken.

Erst das Vergnügen dann die Arbeit

Beantworten Sie die Aussagen dieses Tests mit Hilfe der Bewertungsskala 1 bis 5, so wie Sie sich im Moment in Ihrer Berufswelt selbst sehen.

Bewertungsskala				
gar nicht	kaum	etwas	ziemlich	voll und ganz
1	**2**	**3**	**4**	**5**

Kreuzen Sie bei jeder Formulierung den für Sie passenden Zahlenwert an. Bitte antworten Sie spontan und erraten Sie nicht was richtig sein könnte.

1	1 2 3 4 5	Wenn ich eine Arbeit mache, dann mache ich sie gründlich.
2	1 2 3 4 5	Ich fühle mich verantwortlich, dass diejenigen, die mit mir zu tun haben, sich wohlfühlen.
3	1 2 3 4 5	Ich bin ständig auf Trab.
4	1 2 3 4 5	Wenn ich raste, roste ich.
5	1 2 3 4 5	Anderen gegenüber zeige ich meine Schwächen nicht gerne.
6	1 2 3 4 5	Häufig gebrauche ich den Satz: „Es ist schwierig, etwas so genau zu sagen".
7	1 2 3 4 5	Ich sage oft mehr, als eigentlich nötig wäre.
8	1 2 3 4 5	Ich habe Mühe, Leute zu akzeptieren, die nicht genau sind.

9	1 2 3 4 5	Es fällt mir schwer, Gefühle zu zeigen.
10	1 2 3 4 5	„Nur nicht lockerlassen", ist meine Devise.
11	1 2 3 4 5	Wenn ich eine Meinung äußere, begründe ich sie.
12	1 2 3 4 5	Wenn ich einen Wunsch habe, erfülle ich ihn mir schnell.
13	1 2 3 4 5	Ich liefere einen Bericht erst ab, wenn ich ihn mehrere Male überarbeitet habe.
14	1 2 3 4 5	Leute, die „herumtrödeln", regen mich auf.
15	1 2 3 4 5	Es ist für mich wichtig, von anderen akzeptiert zu werden.
16	1 2 3 4 5	Ich habe eher eine harte Schale, aber einen weichen Kern.
17	1 2 3 4 5	Ich versuche oft herauszufinden, was andere von mir erwarten, um mich danach zu richten.
18	1 2 3 4 5	Leute, die unbekümmert in den Tag hineinleben, kann ich nur schwer verstehen.
19	1 2 3 4 5	Bei Diskussionen unterbreche ich die anderen oft.
20	1 2 3 4 5	Ich löse meine Probleme selbst.
		.

Erst das Vergnügen dann die Arbeit

21	1 2 3 4 5	Aufgaben erledige ich möglichst rasch.
22	1 2 3 4 5	Im Umgang mit anderen bin ich auf Distanz bedacht.
23	1 2 3 4 5	Ich sollte viele Aufgaben noch besser erledigen.
24	1 2 3 4 5	Ich kümmere mich persönlich auch um nebensächliche Dinge.
25	1 2 3 4 5	Erfolge fallen nicht vom Himmel, ich muss sie hart erarbeiten.
26	1 2 3 4 5	Für dumme Fehler habe ich wenig Verständnis.
27	1 2 3 4 5	Ich schätze es, wenn andere meine Fragen rasch und bündig beantworten.
28	1 2 3 4 5	Es ist mir wichtig, von anderen zu erfahren, ob ich meine Sache gut gemacht habe.
29	1 2 3 4 5	Wenn ich eine Aufgabe einmal begonnen habe, führe ich sie auch zu Ende.
30	1 2 3 4 5	Ich stelle meine Wünsche und Bedürfnisse zugunsten der Bedürfnisse anderer Personen zurück.
31	1 2 3 4 5	Ich bin anderen gegenüber oft hart, um von ihnen nicht verletzt zu werden.
32	1 2 3 4 5	Ich trommle oft ungeduldig mit den Fingern auf den Tisch. Ich bin ungeduldig.
		.

Erst das Vergnügen dann die Arbeit

33	1 2 3 4 5	Beim Erklären von Sachverhalten verwende ich gerne die klare Aufzählung: Erstens...., zweitens...., drittens.
34	1 2 3 4 5	Ich glaube, dass die meisten Dinge nicht so einfach sind, wie viele meinen.
35	1 2 3 4 5	Es ist mir unangenehm, andere Leute zu kritisieren.
36	1 2 3 4 5	Bei Diskussionen nicke ich häufig mit dem Kopf.
37	1 2 3 4 5	Ich strenge mich an, um meine Ziele zu erreichen.
38	1 2 3 4 5	Mein Gesichtsausdruck ist eher ernst.
39	1 2 3 4 5	Ich bin nervös.
40	1 2 3 4 5	So schnell kann mich nichts erschüttern.
41	1 2 3 4 5	Meine Probleme gehen die anderen nichts an.
42	1 2 3 4 5	Ich sage oft: „Tempo, Tempo, das muss rascher gehen!"
43	1 2 3 4 5	Ich sage oft: „genau", „exakt", „logisch", „klar" u.ä.
44	1 2 3 4 5	Ich sage oft: „Das verstehe ich nicht..."
		.

Erst das Vergnügen dann die Arbeit

45	1 2 3 4 5	Ich sage gerne: „Könnten Sie es nicht einmal versuchen?" und sage nicht gerne: „Versuchen Sie es einmal."
46	1 2 3 4 5	Ich bin diplomatisch.
47	1 2 3 4 5	Ich versuche, die an mich gestellten Erwartungen zu übertreffen.
48	1 2 3 4 5	Ich mache manchmal zwei Tätigkeiten gleichzeitig.
49	1 2 3 4 5	„Die Zähne zusammenbeißen" heißt meine Devise.
50	1 2 3 4 5	Trotz enormer Anstrengungen will mir vieles einfach nicht gelingen.

Zur Auswertung des Fragebogens übertragen Sie bitte Ihre Bewertungen für jede entsprechende Frage auf den folgenden Auswertungsbogen. Zählen sie die Bewertungszahlen anschließend pro Block zusammen.

Erst das Vergnügen dann die Arbeit

SEI PERFEKT

1		8		11		13		23	
23		33		28		43		47	
							Total:		

MACH SCHNELL

3		12		14		19		21	
27		32		39		42		48	
							Total:		

STRENG DICH AN

4		6		10		18		25	
29		34		37		44		50	
							Total:		

Erst das Vergnügen dann die Arbeit

MACH ES ALLEN RECHT								
2		7		15		17		28
30		35		36		45		46
						Total:		

SEI STARK								
5		9		16		20		22
26		31		40		41		49
						Total:		

Erst das Vergnügen dann die Arbeit

AUSWERTUNG	
bis 30 Punkte	Förderlich
ab 30 Punkte	mögliche Leistungsbeeinträchtigung
ab 40 Punkte	möglicherweise gesundheitsgefährdend

Innere Glaubenssätze und „Erlauber"

SEI PERFEKT	
Innerer Glaubenssatz:	Ich muss alles noch besser machen, es ist nie gut genug.
Erlauber:	Ich darf Fehler machen und aus ihnen lernen. Es können manchmal auch 90% genügen.

Erst das Vergnügen dann die Arbeit

MACH SCHNELL	
Innerer Glaubenssatz:	Ich muss schnell sein, sonst werde ich nicht fertig."
Erlauber:	Ich darf mir Zeit nehmen und auch Pausen machen. Manches darf auch länger dauern.

STRENG DICH AN	
Innere Glaubenssätze:	Ich muss mich immer anstrengen, egal wobei. Das Leben ist hart. Ohne Fleiß kein Preis.
Erlauber:	Ich darf mir Zeit nehmen und auch Pausen machen. Manches darf auch länger dauern.

Erst das Vergnügen dann die Arbeit

MACH ES ALLEN RECHT	
Innerer Glaubenssatz:	Ich bin dann wertvoll, wenn alle mit mir zufrieden sind. Wenn ich Nein sage, werde ich abgelehnt.
Erlauber:	Ich darf meine Bedürfnisse und Standpunkte ernst nehmen. Ich bin OK, auch wenn jemand unzufrieden mit mir ist. Ich darf es auch mir recht machen.

SEI STARK	
Innere Glaubenssätze:	Niemand darf es merken, dass ich schwach, empfindlich oder ratlos bin. Gefühle zeigt man nicht. Gefühle sind ein Zeichen von Schwäche und machen verletzbar. Indianer kennen keinen Schmerz
Erlauber:	Ich darf offen sein für Zuwendung. Ich darf mir Hilfe holen und sie annehmen. Gefühle zu zeigen ist erlaubt und ein Zeichen von Stärke

*****

Erst das Vergnügen dann die Arbeit

Erst das Vergnügen dann die Arbeit

Mehr Vergnügen bitte!

*von **Regina Mohry**
Diplom Mathematikerin*

Mit der Aussage „Erst das Vergnügen, dann die Arbeit" habe ich mich mit meiner Familie, Freunden, Bekannten, Kollegen unterhalten. Ich habe sie, wie auch mich gefragt: ‚Was löst diese Aussage bei Dir/euch aus?', und ‚Wie verhält sich diese Aussage im Gegensatz zu ‚Erst die Arbeit, dann das Vergnügen?''.

Es ist interessant festzustellen, dass junge wie auch ältere Menschen mit der Aussage ‚Erst das Vergnügen, dann die Arbeit' wenig anfangen können. Überwiegend möchten sie zuerst die Arbeit erledigt haben, um dann Zeit für das Vergnügen zu haben. Denn die Arbeit ist eine mal mehr, mal weniger anstrengende und unangenehme Tätigkeit, bei der jeder einzelne etwas leisten muss. Ich muss Zeit, Kraft und Energie aufbringen, um meine Arbeit nach Vorgaben anderer und teilweise auch eigenen Ansprüchen zu erledigen. Für viele Menschen ist die tägliche Arbeit auch ‚der Mittel zum Zweck', Geld verdienen, um den Lebensunterhalt für sich und seine Familie zu verdienen. Und mit dem verdienten Geld besteht dann die Möglichkeit sich das ‚Vergnügen zu leisten'. Nach getaner Arbeit darf ich es mir gut gehen lassen und mir meine Wünsche erfüllen.

Kinder und Jugendliche verbinden mit der Arbeit, für die Schule lernen zu müssen oder ihr Zimmer in Ordnung zu halten, aufzuräumen, im Haushalt zu helfen. Das sind alles Tätigkeiten, die sie ungern erledigen. Und warum lernt man ungern für die Schule oder räumt das eigene Zimmer ungern auf? Das Lernen oder auch das Aufräumen ist zeitaufwendig; und für viele bedeutet Lernen Anstrengung und es gibt dabei Themen, die wenig interessant oder sogar uninteressant sind. Warum soll ich mich mit schwierigen, uninteressanten Dingen beschäftigen? Dabei hilft dann auch wenig die Aussage, dass diese Themen später gebraucht werden. Denn dann kann ich sie ja auch später noch lernen.

Und so geht es uns Erwachsenen ja auch immer wieder bei der Arbeit. Es gibt Tätigkeiten, die ich gut kann, die mir bei der Arbeit Spaß machen und mir deshalb auch ‚leicht von der Hand gehen'. Und dann gibt es auch Aufgaben, die mich anstrengen und fordern, weil sie vielleicht neu oder schwieriger auszuführen sind. Und diese Tätigkeiten machen mir wenig oder keine Freude.

Dagegen ist das Vergnügen etwas, das Freude und Spaß bereitet, womit ich gerne meine Freizeit gestalte, ein Hobby, das ich gerne ausführe, das mir Entspannung bereitet. Oder ich kann beim Sport Anspannungen wie Wut, Aggressionen durch die kraftvolle körperliche Betätigung abbauen und loswerden.

Wenn ich somit meine Freizeit nach meinen Wünschen gestalte und Freude und Vergnügen daran habe, dann kann ich doch mit dem Vergnügen beginnen und dann meine Arbeit erledigen. Doch dieses Vorgehen kann bewirken, dass ich die Arbeit weiter und weiter hinaus schiebe und sie dann vielleicht überhaupt nicht mehr ausführen möchte. Somit bietet die Aussage ‚Erst die Arbeit, dann das Vergnügen' den Anreiz nach der Arbeit die Freude, den Spaß, die Erholung und Entspannung genießen zu können. Und wenn ich etwas schwierigere Tätigkeiten bei der Arbeit gut ausgeführt habe, dann habe ich Erfolg und ich werde belohnt, dass ich etwas geleistet habe. Und das bringt mir dann ‚Vergnügen'.

Doch warum brauche ich das Vergnügen nach der Arbeit, kann ich nicht schon mit Vergnügen an die Arbeit gehen?

Es gibt Menschen, die gerne arbeiten und mehr Zeit als erforderlich bei der Arbeit verbringen. Sie haben schon ihr Vergnügen bei der Arbeit. Ihnen ist es wichtig mit ihrer Arbeit beruflich voran zu kommen, Karriere zu machen. Oder sie führen eine Arbeit aus, die ihre Berufung ist. Für Sie ist die Arbeit lebenserfüllend.

Kommt es dabei vielleicht auch auf den ‚Blickwinkel' zur Arbeit und zum Vergnügen an? Wenn ich eine Arbeit ausübe, die mir gefällt und die mir Vergnügen bereitet, dann kann ich beides miteinander verbinden. Oder ich mache mein Vergnügen zu meiner Arbeit. Aber bringt das Vergnügen immer Freude, und habe ich dann automatisch immer Freude bei meiner Arbeit?

Zu dieser Frage passen die folgenden Gedanken und Überlegungen von einem reiselustigen Menschen. ‚Da ich für meine vielen Reisen erst einmal Geld verdienen muss, brauche ich meine Arbeit. Das Reisen ist mein ‚Vergnügen'. Und so kam mir der Gedanke dieses Vergnügen als Reiseleiter zu meiner Arbeit zu machen. Dann kann ich mein Vergnügen und meine Arbeit miteinander verbinden. Daraufhin habe ich mir die Aufgaben eines Reiseleiters genauer betrachtet und folgendes festgestellt. Auch als Reiseleiter gibt es unangenehme Tätigkeiten, die einen fordern und Stress auslösen können. So können während einer Reise unvorhergesehene Schwierigkeiten auftreten. Die Reisenden können z.B. mit einem Programmpunkt der Reise unzufrieden sein oder eine Leistung der Reise kann nur teilweise oder überhaupt nicht erfüllt werden. Als Reiseleiter muss ich mich um alle Belange und Wünsche der Reisegruppe kümmern, ob sie mir gefallen oder nicht. Ich habe erkannt, dass auch diese Tätigkeit nicht immer Vergnügen bereiten kann. Meine Vorstellungen und Erwartungen von der Arbeit eines Reiseleiters, die nur Vergnügen bereitet, entsprechen nicht der Realität. Jetzt reise ich weiterhin gerne, jedoch nicht als Reiseleiter.'

Erst das Vergnügen dann die Arbeit

Was sagt und zeigt mir das? Habe ich immer Freude und Vergnügen bei meiner Arbeit?

Nein, es gibt immer Situationen im Leben wie auch bei der Arbeit, die schwierig sind, die mich fordern, an denen ich auch wachsen kann. Und anschließend freue ich mich, wenn ich auch die schwierigen Aufgaben geschafft habe. Bei Kindern und Jugendlichen sind dies z.b. Prüfungen, auf die sie hin arbeiten und sich anschließend über eine gute Note, den bestandenen Schulabschluss, die bestandene Lehre freuen. Und darauf können sie aufbauen. Für mich als Erwachsener kann es eine neue Aufgabe sein, die ich im Zusammenhang mit meiner Arbeit erlerne, eine Weiterbildung für eine zusätzliche Tätigkeit bei meiner Arbeit. Und wenn ich dafür z.b. eine Gehaltserhöhung erhalte, dann ist das eine schöne Belohnung.

Wie gehe ich jedoch mit der Situation um, wenn ich mit meinen Kollegen oder Vorgesetzten nur schwer zu Recht komme und für mich das Arbeitsklima darunter leidet? Dann kann ich unmöglich ‚Vergnügen' bei der Arbeit empfinden. Doch auch dann habe ich immer die Möglichkeit, die Situation zu verändern. Entweder von außen, indem ich z.B. ein für beide Seiten klärendes Gespräch führe oder ich kann mir eine andere Arbeit suchen. Oder ich ändere von innen meine Einstellung zur Arbeit. Wenn ich mit optimistischen, positiven Gedanken bei meiner Arbeit bin und jeden Tag mein Bestes gebe, dann bringt dies über kurz oder lang auch Gutes zu mir zurück.

Wir verbringen täglich viel Zeit bei der Arbeit. Deshalb ist es so wichtig, das Beste daraus zu machen und dabei soviel wie möglich selbst zu beeinflussen. Und dann kann sich Freude und Vergnügen bei der Arbeit einstellen. Das sind verschiedene Aspekte zur Arbeit und zum Vergnügen.

Erst das Vergnügen dann die Arbeit

Für mich ist das Ergebnis aus den Gesprächen zur Aussage ‚Erst das Vergnügen, dann die Arbeit' das folgende.

‚Was ich gerne mache, mache ich gut!' Und wenn ich mit positiver Einstellung an meine Arbeit gehe und immer mein Bestes gebe, dann geht die Arbeit leichter von der Hand und ich erlebe auch freudige und erfolgreiche Momente, die mir Vergnügen bereiten ☺.

*****

Erst das Vergnügen dann die Arbeit

Worte in der Mitte

*von **Michael Baier***
Diplom-Kaufmann

Liebe Leserin, lieber Leser, Sie haben die Mitte dieses Buches aufgeschlagen. Vor dieser Mitte finden Sie viele Vor-Worte und danach viele Nach-Worte. Das macht deutlich, dass Sie – zum Beispiel am Abend vor dem Einschlafen oder am Morgen nach dem Aufwachen – dieses Buch einfach aufschlagen können und sofort mit dem Lesen beginnen können.

Das Wichtigste gleich zu Beginn:
Das Lesen dieses Buches soll Vergnügen bereiten!

Gleichwohl welche Seite Sie aufschlagen, stellen Sie sich bitte zwei entscheidende Fragen:

a) Was hat das Geschriebene mit mir persönlich zu tun?
b) Macht es mich glücklicher?

Der Herausgeber und die Autoren dieses Buches sind sich sicher: Das Thema dieses Buches hat sehr viel mit jedem Menschen zu tun, mit der Art und Weise, wie er sein Leben sieht, was ihn motiviert, welche Entscheidungen er trifft und als Ergebnis davon, wie zufrieden und glücklich er lebt. Und vorausgesetzt, Sie sind ein lebendiger Mensch, fühlen Sie sehr schnell, dass sich das Lesen dieses Buches für Sie lohnt. Sie finden garantiert mindestens drei gute Gedanken, die Ihr Leben bereichern.

Erst das Vergnügen dann die Arbeit

Wie alles begann

Die Idee zu diesem Buch wurde am Ende einer Yoga-Stunde geboren, als Yoga-Lehrerin, die Frage stellte: „Was wäre, wenn Deine Eltern Dir gesagt hätten: Erst das Vergnügen, dann die Arbeit." Natürlich haben die allermeisten Menschen von Ihren Eltern, von ihren Verwandten, von Lehrern und von vielen anderen wohlmeinenden Mitmenschen eher das Gegenteil vernommen. „Erst die Arbeit, dann das Vergnügen" gilt als ungeschriebenes Gesetz und dominiert unser Handeln und Fühlen von Kindesbeinen an in einem sehr hohen Maße.

Umso mehr reizt die Vorstellung, was wäre wirklich, wenn wir uns, wenn Sie sich selbst, liebe Leserin, lieber Leser vorstellen: Erst das Vergnügen, dann die Arbeit.

Beim Entwickeln des Rahmens für dieses Buch zeigte sich sofort, welch großes Potential der Titel dieses Buches bietet. Jedes Gespräch wurde sehr schnell sehr lebendig, jeder Mensch hatte sofort eine Meinung und äußerte viele Ansichten. Natürlich waren und sind das sehr unterschiedliche Gedanken – genauso wie die Gedanken, die jetzt sicher auch in Ihrem Kopf kreisen.

Hätten wir bei diesen Gesprächen ein Mikrofon eingeschaltet, das Buch bereits nach wenigen Gesprächen randvoll mit Ideen und Antworten gefüllt gewesen.

Damit Sie als Leserin und Leser dieses Buches viele unterschiedliche Gedanken, Meinungen, Ideen und Anregungen erhalten, haben wir für dieses Buch insgesamt fünf Autoren begeistert, einen Beitrag zu liefern. Der Herausgeber dieses Buches gab den Autoren nachfolgende Informationen mit auf den Weg.

Informationen für Autoren

Willkommen. Schön, dass es Dir Vergnügen bereitet, einen Beitrag für das Buch **Erst das Vergnügen dann die Arbeit** zu schreiben. Damit es für alle Leserinnen und Leser ein interessantes und wertvolles Buch wird, findest Du hier wichtige Informationen.

1. Vergnügen für Dich

Wichtigster Punkt für alle Autoren: Bitte nur einen Beitrag erstellen, wenn es Vergnügen bereitet! Denn das sollen die Leserinnen und Leser bei jeder Zeile des Buches fühlen.

2. Zielgruppe:
Menschen, die glücklicher werden wollen

Zielgruppe unseres Buches sind Menschen vorwiegend aus Deutschland, die von Kindesbeinen an die Überschrift des Buches in umgekehrter Reihenfolge vernommen haben. Wir möchten diese Menschen zum Nach- und Umdenken anregen, damit sich für sie ein Fenster öffnet und sie einen Weg zu mehr Zufriedenheit und Glücklich Sein erkennen.

3. Was möchten wir unseren Lesern bieten?

Versetzen wir uns einfach in die Situation unserer Leser. Leser möchten gerne:
- ein äußerlich sympathisches Buch
- einen einfach zu lesenden Text
- kurze verständliche Sätze
- klare Inhalte
- Informationen mit AHA-Effekt für sie persönlich

Was unser Buch den Lesern darüber hinaus bieten sollte:
- vielfältige Blickwinkel
- erleuchtende Gedanken
- angenehme Gefühle
- kurzweiliges Lesen
- Gewinn bringende Erkenntnisse

In jedem Falle sollen unsere Leser am Ende ihrer Lektüre mindestens genauso glücklich sein wie am Anfang.

4. Wer kann einen Beitrag zum Buch liefern?

Ebenso wie bei unseren Lesern sind wir offen für alle Menschen, die einen Beitrag zu unserem Buch liefern möchten.

Wir freuen uns über
- Menschen jeden Alters
- Menschen verschiedener Herkunft
- Menschen aus unterschiedlichen sozialen Schichten
- Menschen mit verschiedenen Berufen und Berufungen
- Menschen mit der Überzeugung, dass „Erst die Arbeit dann das Vergnügen" eher zutrifft
- Menschen die meinen, dass „Erst das Vergnügen und dann die Arbeit" nicht funktioniert
- Menschen, die ausschließlich das Vergnügen lieben
- Menschen, die ausschließlich ihre Arbeit lieben
- Menschen, die nicht leicht zwischen Vergnügen und Arbeit unterscheiden können
- Menschen, die einfach mal etwas Interessantes schreiben möchten.

5. Zeitplanung für Deinen Beitrag

Schön wäre es, wenn unser Buch **Erst das Vergnügen dann die Arbeit** im Oktober 2014 erscheint. In weiteren Schritten können hiervon ein Hörbuch und eine Taschenbuchausgabe erscheinen. Damit diese Ziele realisiert werden können, erwarten wir Deinen Beitrag bis zum 15. September 2014.

6. Deine Erfahrungen und Talente sind wertvoll und willkommen

Zu allen Punkten des Buchprojektes sind Anregungen, Hinweise, Erfahrungen und wohlwollende Beiträge und Deine Talente jederzeit herzlich willkommen.

April 2014

Michael Baier

In der Mitte dieses Buches bleibt Ihnen, liebe Leserin, lieber Leser unser Wunsch: Viel Vergnügen beim Lesen jeder einzelnen Seite dieses Buches!

*****

Erst das Vergnügen dann die Arbeit

Arbeit und Vergnügen

*von **Achim Schlichting***
Designmöbelmonteur

Erst das Vergnügen, dann die Arbeit! Warum nicht so rum? Im ersten Moment erscheint die Reihenfolge unsinnig bzw. widersinnig. Erst, wenn man genauer hinsieht und es sich durch den Kopf gehen lässt, scheint man darin einen Sinn zu erkennen, der nicht widersinnig, sondern sinnvoll ist.

Wenn zuerst die Arbeit kommt und dann das Vergnügen, dann scheint das ein natürlicher Reflex zu sein, so dass ich nicht die Lust auf die Arbeit verliere, falls das Vergnügen bereits eingelöst wurde. Das hingegen setzt voraus, dass die Arbeit kein Vergnügen ist bzw. sein kann, oder dass ich, ohne Aussicht auf ein darauf folgendes Vergnügen, ungern arbeite. Es scheint als ob eine Belohnung als Zugpferd für eine zu verrichtende Bestätigung notwendig ist. Wie gesagt, dies scheint eine natürliche Vorgehensweise zu sein, der wahrscheinlich die meisten zustimmen würden.

Ich hingegen behaupte, und da wird es wohl auch einige andere geben, dass das Vergnügen durchaus am Anfang einer Vorgehensweise stehen kann, wenn man bereit ist, dem natürlichen Gang der Dinge eine bewusst gewählte Haltung hinzuzustellen, die diesen Prozess umkehren kann, falls man sich darauf einlässt und aktiv daran arbeitet.

Arbeit! Oh ... jetzt folgt das Vergnügen ja doch danach, oder? Nicht unbedingt! Allein die neue Herangehensweise kann schon Vergnügen erzeugen. Also erst Spaß an der neuen Sache, dann die Arbeit oder Umsetzung. Denn Neues macht meistens

Spaß! Das Nervensystem liebt Neues. Wachstum braucht Neues. Altes langweilt nur und führt auf Dauer zu Stillstand. Meine ich mal gehört zu haben. Allerdings sollte die neue Vorgehensweise nicht so sehr unter Druck stattfinden, sondern möglichst entspannt. Sonst frisst der Druck den Spaß wieder und der Effekt ist dahin. Das war jetzt ein Trick. Selbst die neu gewählte Haltung war in dem Sinn keine Arbeit bzw. reizloses oder lustloses Vorgehen, sondern die Arbeit der neu zu wählenden Haltung wurde durch geschicktes Vorgehen zum Vergnügen. Einfach dadurch, dass etwas Neues eingeführt wurde, das zwar Arbeit bedeutete bzw. voraus setzte, aber dadurch, dass es neu ist, zugleich Vergnügen bereitet.

So kann mit etwas cleverem Vorgehen die meiste Arbeit in Vergnügen verwandelt werden. Es bedarf nur einer einzigen ersten neuen Vorgehensweise. Wer dazu noch in der Lage ist, Vergnügen im Geiste zu behalten und zu konservieren, der hat noch einen Schritt der durch Arbeit bedingt ist, in Vergnügen verwandelt. Er ist somit wahrscheinlich durchaus befähigt, den Schatten des Vergnügens auf sein weiteres Vorgehen zu legen, sei es auch noch so viel Arbeit. Nicht alles klappt immer und manches klappt nie. Doch vieles ist den Versuch wert und gelingt.

*****

Der Oppermann-Katalog Effekt

*von **Rainer Immensack***
RIKOM Personalentwicklung und Kommunikationsberatung

Seit über 20 Jahren bin ich selbstständig als Unternehmensberater für Personalentwicklung. Da ich fast immer Einzelkämpfer bin und der Alltag mit Kunden nicht immer nur Spaß macht, habe ich mir in den letzten Jahren eine Fülle von Möglichkeiten geschaffen, die mir immer dann Freude machen, wenn ich auf sie zugreife.

Ich habe für mich erkannt, dass anspannen und entspannen sehr dicht zusammen gehören. Wer nicht angespannt ist, kann sich nicht fokussieren und wer nicht entspannt ist, der verkrampft.

So ist es wie immer im Leben: Es gehört Beides dazu. Und das immer abwechselnd.

Eine dieser Spaß-Inseln sind ausgiebige Cappuccino-Pausen mit einer Zeitungslektüre, die ich mir angewöhnte. Sie sind den Alltag unterbrechende Einheiten, die das vorangegangene separieren. Im Kommunikationsjargon werden solche positiven Pausen auch Separator genannt. Immer dann, wenn ich schlechte Laune habe oder nicht gut drauf bin, dann muss so ein Separator her. Das kann ein Blick aus dem Fenster sein oder der Gang zum Briefkasten. Fast immer natürlich ein braunes Kaffeegetränk mit Milchschaum obendrauf!

Eine weitere perfekte Möglichkeit für mich. sind auch die zahlreichen Kataloge von Werbemittelhändler wie Oppermann, Hach oder Schneider, die mich mindestens monatlich erreichen. So sitze ich nun im Büro und wälze die Kataloge und frage

Erst das Vergnügen dann die Arbeit

mich, ob ich neben den 1000 Kugelschreibern, die hier noch lagern, nicht noch weitere Kleinmengen bestellt werden müssen. Ich habe verstanden, dass eine Bestellung etwas äußerst Befriedigendes ist, weiß ich aber auch, dass dort viele Verführer auf mich warten mit den Dingen, die ich eigentlich so schrecklich gut nicht gebrauchen kann. Der Oppermann Katalog ist aber ein Garant für mich, eine zufriedene Kundenbeziehung zu gestalten, auch wenn mich das immer Geld kostet. Leider habe ich es noch nicht geschafft, Herrn oder Frau Oppermann zu überzeugen, dass sie auch Dienstleistungen eines sehr guten bis überragenden Personalentwicklers im Gegensatz einkaufen müssten. Noch ist dieses Business to Business (B2B) einseitig. Noch!

Nachteil dieses Oppermann-Effektes, dessen Namen ich extra für diesen Artikel erfunden habe, ist auch, dass das alles Geld kostet, was ja auch verdient werden muss.

Eine gute Möglichkeit, sich zu vergnügen, wenig Geld auszugeben, sich kalorienreduziert über den Tag zu bringen, ist das Ausüben eines Hobbys, was wenig oder gar nichts kostet.

So habe ich einige Freunde, die virtuell aus dem Internet sich Zigarettenschachteln herunterladen und ein Archiv damit aufgebaut haben. Ein anderer kann sich die teuren Pfeifen nicht leisten und sammelt alte Tabakspfeifen in einem virtuellen Pfeifenmuseum. Über die zahlreichen Besuche kann ich nichts sagen, auch glaube ich, dass die Eintrittspreise nicht zum Reichtum führen.

Es reizt mich natürlich als geborener Sammler und Jäger auch Dinge zu sammeln, die immer wieder weggeworfen werden. Jedes Mal, wenn ich die papierne Bäckertüte wegwerfe, dann frage ich mich, ob die nicht in 80 Jahren eine Papierantiquität darstellen würde?

Was mir aber selbst bei meiner Sammelei von tabakhistorischen Gegenständen seit vielen Jahren deutlich ist: Der Mensch braucht einen Ausgleich. Nicht nur die Gehirnhälften für alles Rationale und Emotionale wollen abwechselnd bedient werde, sondern auch der ganze Mensch. So ist der hier beschriebene Zustand, sich zuerst ein Vergnügen zu gönnen und dann erst an die Arbeit zu gehen, ein wahrhaftig gutes und vernünftiges Vorgehen: Mit Spaß das Hobby erledigen und dann an die Aufgaben gehen. Wenn ich es umgekehrt mache und das Hobby warten lasse, dann habe ich folgende Erfahrungen gemacht: Ich fange an bei der Arbeit zu schlampen, nur um an mein Hobby zu gelangen. Ich bin in meinem Steckenpferd auf die Berliner Zigarettenfabrik Manoli spezialisiert. Immer dann, wenn Manoli-Anzeigen oder andere Reklame einzusortieren, zu beschriften oder zu scannen ist, kann das nicht warten. Zu sehr fiebere ich dem Jagderfolg hinterher. Ich musste aber auch lernen, dass dem Jäger die Jagd mehr Spaß macht, als das Besitzen. Also benötige ich für den Alltag immer wieder und immer mehr Manoli-Anzeigen. Da diese seit 100 Jahren kaum noch existieren, ist der Vergnügungserfolg manchmal gefährdet.

Wenn dann so gar nichts mit dem Hobby zu ordnen ist, dann hilft ein alter Vertrauter: Der Oppermann Katalog. Und der kommt immer wieder neu und ruft mir jedes Mal zu: „Komm, öffne mich. Vergnüg Dich zuerst, bevor Du was Richtiges machst."

Ich finde das grenzenlos unvernünftig vernünftig!

*****

Erst das Vergnügen dann die Arbeit

Fragen und Antworten im Interview

*von **Michelle Baier***
Tourismuskauffrau in Ausbildung

Erst das Vergnügen, dann die Arbeit. Was fällt dir bei dieser Aussage spontan ein?
„Erst das Vergnügen, dann die Arbeit!" – der Ausruf klingt beim ersten Lesen sehr ungewohnt und irreal. Das Vergnügen wird in den Mittelpunkt gerückt, die Arbeit wird als zweitrangig deklariert und in den Hintergrund gedrängt.
Ein Satz, über den man gern mal nachdenkt: „Was wäre wenn?" – aber immer mit dem Bewusstsein, diese Gedankenspielerei wohl kaum umsetzen zu können.

Wie hast du in deinem Leben Vergnügen und wie hast du Arbeit kennengelernt?
Als Arbeit habe ich all das kennengelernt, was Mühe bereitet, aber sein „muss", da es Mittel zum Zweck ist. „Erst wird das Zimmer aufgeräumt – dann darfst du nach draußen zum Spielen" – solche Sätze prägten mein Verständnis von Arbeit. Arbeit war für mich von Anfang an das, was widerwillig erledigt wird und von dem man sich wünscht, dass es schnell vorbei geht, sodass man sich wieder den schönen Seiten des Lebens zuwenden kann.
Als Vergnügen lernte ich im Umkehrschluss all das kennen, dass ich gerne und aus freien Stücken tat, ohne dass mir jemand eine Forderung stellte oder mir eine Anweisung gab.

Was ist für dich Vergnügen?
Vergnügen ist für mich all das, dass ich genau im jetzt in diesem Moment gerne tue. Das heißt allerdings nicht, dass nicht auch eine eigentlich als „Arbeit" titulierte Tätigkeit Vergnügen bereiten kann. Eine Aufgabe, die ich in Eigenständigkeit problemlos und erfolgreich erledigen kann, bereitet mir trotz aufzuwendender Mühe und „Arbeit" große Freude.

Was ist für dich Arbeit?
Arbeit spielt in meinem, wie in dem der meisten in unserer heutigen Gesellschaft lebenden Erwachsenen eine sehr zentrale Rolle.

Sie taktet den Alltag und gibt Struktur. Die Freizeit wird um sie herum und in Abhängigkeit von ihr gestaltet.

Arbeit bedeutet für mich in erster Linie meine Ausbildung, da ich dort eine gewisse Leistung zu erbringen habe. Ein Lernfortschritt und somit steigende Arbeitseffizienz und Produktivität werden von mir erwartet.

Neben dem Beruf stellt aber auch der Haushalt für mich eine wesentliche Arbeit dar, die viel Zeit in Anspruch nimmt.

Welche Rolle spielt Vergnügen in deinem Leben?
Vergnügen spielt für mich eine äußerst wichtige Rolle, denn Spaß zu haben und jetzt genau in diesem Moment glücklich und zufrieden zu sein ist für mich im Endeffekt der Sinn des Lebens.

Welche Rolle spielt Arbeit in deinem Leben?
Auch wenn mir das Vergnügen sehr wichtig ist, so würde ich auch die Arbeit nicht missen wollen. Das Gefühl etwas geleistet zu haben, würde mir auf Dauer sehr fehlen. Für die meisten

Menschen ist die berufliche Tätigkeit im Hinblick auf das eigene Selbstwertgefühl ein essentieller Faktor.

Auch ich bin weitaus zufriedener, wenn ich nach einem erfolgreichen Arbeitstag nach Hause komme, und auf das was ich geleistet habe zurückblicken kann. In solchen Momenten bin ich ausgeglichener und glücklicher, als wenn ich einen Tag zu Hause verbracht hätte und ausschließlich Dinge getan hätte, die mir vielleicht Spaß bereiten, aber nicht produktiv sind und mich nicht voran bringen.

Betrachte deine konkrete Lebenssituation und deinen konkreten Alltag: Welchen Stellenwert nehmen Vergnügen und Arbeit ein?

Vergnügen und Arbeit nehmen in meinem Alltag einen recht ausgewogenen Stellenwert ein. Zwar verbringe ich einen Großteil des Tages auf der Arbeit, jedoch bereiten mir viele meiner Tätigkeiten Spaß, sodass ich die Zeit am Arbeitsplatz nicht ausschließlich als „Arbeit" bezeichnen möchte, sondern eben auch als eine Art von Vergnügen. Dies zeigt, dass Arbeit und Vergnügen sich nicht zwangsläufig gegenseitig ausschließen.

Träume jetzt bitte einfach mal: Was wäre anders in deinem Leben, wenn erst das Vergnügen und dann die Arbeit kommt?

Erst das Vergnügen, dann die Arbeit – ich denke nicht, dass mich eine solche Lebensweise auf Dauer glücklich und zufrieden stimmen würde.

Allein die Vorstellung erst am Abend arbeiten zu müssen, gefällt mir ganz und gar nicht. Den ganzen freien Tag über würde mir der Gedanke, später noch zur Arbeit zu müssen, im Hinterkopf sitzen und jegliches Genießen der Freizeit verhindern.

Die Arbeit – sei es der Beruf oder der Haushalt – muss wohl oder übel erledigt werden. Lieber entscheide ich mich daher dafür erst den eher unangenehmen Part hinter mich zu bringen, sodass ich danach unbelastet entspannen kann.

Betrachte deine Mitmenschen: Was beobachtet du bei Ihnen zum Thema Vergnügen und Arbeit?

An meinem Arbeitsplatz beobachte ich, wie viele meiner Kollegen sehr auf ihre Arbeit fixiert sind. Ihr Arbeitstag fast häufig gute zehn Stunden, sodass ihnen für Freizeit und Vergnügen nicht mehr viel Zeit bleibt. Sie rennen von einem Meeting zum nächsten und opfern ihrem Arbeitsalltag beinahe ihre gesamte Energie.

In meinem gleichaltrigen Umfeld wiederum lässt sich erkennen, dass die meisten jungen Menschen großen Wert darauf legen, genügend Freizeit zur eigenen Verfügung zu haben. Meiner eigenen Beobachtung nach sieht meine Generation die Arbeit nicht mehr als zentralen Lebenssinn bzw. Aufgabe an, sondern vielmehr als ein Mittel zum Zweck: Arbeit schafft die finanziellen Mittel, welche zur möglichst erfüllenden Freizeitgestaltung benötigt werden.

Wenn du für dein Leben etwas verändern könntest: Was wäre es?

Wenn ich in meinem Leben etwas verändern könnte, so würde ich mir die Fähigkeit verleihen, ruhigen Gewissens mehr Vergnügen zuzulassen, ohne im selben Moment das Gefühl zu haben, nun auch mehr leisten zu müssen, um mir dies überhaupt erlauben zu können. Gern würde ich Dinge unvollendet ruhen lassen können, ohne ständig im Hinterkopf zu haben, noch diese und jene Leistung zu erbringen zu haben.

Arbeit wird sich immer und überall finden lassen. Ich wünsche mir, gelassener damit umgehen zu können, um mir noch ein bisschen mehr Zeit für das zu nehmen, was ich wirklich gern mache.

Jetzt machen wir eine Reise in die Zukunft: Schildere bitte deinen Traumtag in deinem Leben heute in 10 Jahren!
Meinen Traum(all)tag in 10 Jahren stelle ich mir wie folgt vor: Ich habe eine feste, sichere Arbeitseinstellung, welche mir am Nachmittag und am Abend noch ausreichend Freiraum lässt, ein paar Stunden des Tages eigenständig zu gestalten.

Meine Arbeit bereitet mir durch stets neue abwechslungsreiche Aufgaben viel Spaß und verlangt genau das von mir ab, was ich gut kann, sodass ich nach dem Arbeitstag zufrieden auf das von mir Geleistete zurückblicke.

Zwischen 16 und 17 Uhr kann ich ruhigen Gewissens meinen Heimweg antreten, ohne dass mich meine Arbeit mit nach Hause „verfolgt".

Falls ich in 10 Jahren schon eine eigene Familie haben sollte, so werde ich den Rest des Tages mit ihr verbringen. Sollte dies (noch) nicht der Fall sein, so werde ich mich mit Freunden treffen und noch etwas „Vergnügliches" unternehmen.

Was würdest du Menschen in deiner Nähe für einen Rat geben im Hinblick auf die Balance zwischen Vergnügen und Arbeit?
Die Balance zwischen Arbeit und Vergnügen zu finden ist äußerst wichtig. Workaholics sollten sich bewusst machen, dass jeder Tag zählt. Nur zu arbeiten und viel Geld zu verdienen erfüllt niemanden und ist völlig wertlos, wenn er sich nicht auch einmal zur Ruhe setzt, um das zu genießen was er hat. Manche Menschen rennen ihr Leben lang dem großen Geld und dem beruflichen Aufstieg hinterher, ohne zu merken, wie sie damit das eigentliche Leben versäumen und so viele sich anbietende Optionen nicht nutzen.

„Arbeit finanziert Freizeit" – dieser Satz ist unumstritten wahr, enthält meiner Meinung nach allerdings zwei gleichwertige Komponenten: Arbeit UND Freizeit.

Eins bedingt das andere.

Über Jahre von morgens bis abends zu arbeiten, fordert dem Menschen alles ab und oder lässt viele gar in eine Krise stürzen, da die gesamte Lebensenergie ausschließlich in die Arbeit fließt und der Blick für das Wesentliche verloren geht.

Wenn wir allerdings nur das tun, was uns auch wirklich Spaß macht, so führt dies im Endeffekt ebenfalls zu innerer Unzufriedenheit. Die Freizeit wird als selbstverständlich betrachtet und lässt sich nicht mehr als etwas Besonderes genießen.

Ich bin überzeugt davon, dass nur eine ausgewogene Kombination zu einem erfüllten Leben führen kann.

*****

Fragen für Glück und Zufriedenheit

von Michael Baier
Diplom-Kaufmann und Persönlicher Finanzberater

Menschen in den besten Jahren beschäftigen sich mit Fragen zu Ihrem Glück und zu Ihrer Zufriedenheit. Dazu gehören auch Fragen zur finanziellen Sicherheit und zur Gelassenheit im Umgang mit Geld.

Ich berate persönlich und individuell, damit Menschen heute und morgen gut leben. Weitere Informationen sind unter www.beratung-baier.de zu finden.

1	Finanzen und Vermögen
1.1	Habe ich für kommende Jahre finanziell ausreichend vorgesorgt?
1.2	Ist meine Rente oder Pension gesichert?
1.3	Kümmert sich jemand persönlich um meine Finanzen?
1.4	Wie lange reichen meine Finanzmittel für mich und meinen Partner zum Leben?
1.5	Muss ich im Alter meine Reserven angreifen?
1.6	Im Ruhestand reichen meine regelmäßigen Einnahmen nicht mehr aus, um meinen Bedarf zu decken. Wie hoch fällt meine Einkommenslücke aus und wie schließe ich sie am besten?
1.7	Wie soll ich mein Geld anlegen, um den neuen Rahmenbedingungen gerecht zu werden?
1.8	Welche Vermögensstruktur ist geeignet, um meine neuen Zielsetzungen zu erreichen? Reicht mein Vermögen überhaupt aus?

Erst das Vergnügen dann die Arbeit

2	**Steuern**
2.1	Wie hoch fällt meine Steuerbelastung in Zukunft aus? Kann ich sie optimieren?
2.2	Wie können meine Angehörigen und Erben später Erbschaftssteuer sparen?
2.3	Wie kann ich meine Vermögensnachfolge und -übertragung steuerlich am besten gestalten?
2.4	Lohnt sich eine Schenkung an meine Angehörigen?

3	**Versorgung des Partners, der Kinder und Enkel**
3.1	Was passiert, wenn ich vor meinem Partner sterbe?
3.2	Wie kann ich meinem Kind helfen, sich ein Haus zu kaufen, ohne mich dafür finanziell zu überfordern?
3.3	Wie kann ich meinen Enkel unterstützen?

4	**Regelung des eigenen Todesfalles**
4.1	Habe ich alles für den eigenen Todesfall geregelt?
4.2	Ist die Finanzierung meiner Bestattung ausreichend geregelt?
4.3	Brauche ich noch eine entsprechende Sterbegeld- oder Bestattungsvorsorge-Versicherung, damit meine Angehörigen nicht von den Kosten meiner Bestattung belastet werden?

5	**Instandhaltung von Immobilien**
5.1	Wie kann ich große Reparaturen finanzieren? Ich habe monatlich nur wenig Geld zur Verfügung. Meine Ersparnisse sind im Haus investiert.

6	**Wohnen**
6.1	Möchte ich einen Garten haben? Kann ich ihn später pflegen?
6.2	Was halte ich von „Betreutem Wohnen"?
6.3	Kann ich meine Immobilie im Alter halten?
6.4	Wie und wo will ich im Alter wohnen? Muss es ein Haus im Grünen sein oder reicht eine kleine Stadtwohnung? Kommt ein Heim für mich in Frage oder will ich meinen Ruhestand sogar im Ausland verbringen?

7	**Testament und Erbe**
7.1	Wie kann ich schon zu Lebzeiten Erbstreitigkeiten vermeiden?
7.2	Was muss ich tun, wenn ich meine Enkel bedenken will, meine Kinder aber auf ihrem Pflichtteilsanspruch beharren?
7.3	Habe ich alles richtig geregelt?
7.4	Wie viel Vermögen bleibt später einmal für meine Hinterbliebenen und meine Erben übrig?

8	**Pflegefall**
8.1	Wie groß ist die Gefahr, dass mir bei einem Pflegefall in der Familie der Totalverlust meines Vermögens droht?
8.2	Wie hoch sind die monatlichen Kosten für einen Pflegeplatz?
8.3	Werden meine Kinder herangezogen, wenn ich den Pflegeplatz nicht zahlen kann?

Erst das Vergnügen dann die Arbeit

9	Persönliches
9.1	Was will ich noch erreichen?
9.2	Wo liegen meine Neigungen und Fähigkeiten?
9.3	Welche Fähigkeiten liegen brach?
9.4	Was möchte ich noch lernen oder kennen lernen?
9.5	Welche Probleme muss ich noch lösen?
9.6	Mit wem möchte ich mich noch aussöhnen?
9.7	Welche Hauptinhalte sollen mein Alter ausfüllen?
9.8	Will ich meine Berufstätigkeit mit Eintritt in den Ruhestand beenden?
9.9	Mit wem möchte ich im Alter häufiger Zeit verbringen?
9.10	Will ich als Witwe oder Witwer noch einmal einen neuen Partner haben?
9.11	Gibt es Kontakte, die ich wieder auffrischen könnte?
9.12	Mit wem könnte ich gemeinsam reisen?
9.13	Wie eng ist mein Kontakt zur Familie?
9.14	Welche Hobbies kann ich mir im Alter vornehmen?
9.15	Wie halte ich mich geistig und körperlich fit?
9.16	Welche sozialen, politischen, kulturellen oder religiösen Aufgaben würden mich reizen?
9.17	Welche Schritte kann ich jetzt schon unternehmen?

10	Gesundheit
10.1	Ernähre ich mich meinem Alter entsprechend?
10.2	Habe ich genug Bewegung? Wie kann ich Ausgleich schaffen?
10.3	Habe ich ausreichenden Krankenversicherungsschutz im Alter, auch dann, wenn ich meinen Ruhestand im Ausland verbringe?
10.4	Wie kann ich Leistungskürzungen der gesetzlichen Krankenkasse auffangen?
10.5	Brauche ich im Alter noch eine Zusatzkranken- oder eine Zahnzusatzversicherung?

*****

Erst das Vergnügen dann die Arbeit

Erst das Vergnügen dann die Arbeit

Erst das Vergnügen dann die Arbeit